Magnus von Levetzow
Die Seeschlacht an der Doggerbank:
Das Gefecht in der Nordsee während des Ersten
Weltkrieges zwischen Kriegsschiffen der deutschen
Kaiserlichen Marine und der britischen Royal Navy

I0314500

edition militaris

ISBN: 978-3-96389-050-5
Druck: edition militaris, 2018
Die edition militaris ist ein Imprint der Diplomica Verlag GmbH.

© edition militaris, 2018
http://www.diplomica-verlag.de
Printed in Germany
Alle Rechte vorbehalten.
Die edition militaris übernimmt keine juristische Verantwortung oder irgendeine Haftung für evtl. fehlerhafte Angaben und deren Folgen.
Der Inhalt ist im historischen Kontext zu lesen.

Magnus von Levetzow

Die Seeschlacht an der Doggerbank

Das Gefecht in der Nordsee während des Ersten Weltkrieges zwischen Kriegsschiffen der deutschen Kaiserlichen Marine und der britischen Royal Navy

militaris

Vorwort

Die erste Veröffentlichung der Darlegungen in diesem Buche erfolgte in der „Deutschen Zeitung". Diese schrieb einleitend:

„Die nachfolgende Darstellung der viel zu wenig bekannten Seeschlacht an der Doggerbank stammt **aus der Feder eines Mitkämpfers**. Wir sind überzeugt, daß diese bedeutende Arbeit nicht nur die genaue Kenntnis eines sehr wichtigen, leider verhängnisvollen Kriegsvorgangs vermitteln, sondern daß sie auch in ihrer fortreißenden Schilderungsart, die dramatisches Leben atmet, fesseln wird. Der Verfasser gehörte zu den anerkannten Führerbegabungen, **zu den großen Hoffnungen der Kaiserlichen Flotte**; er war einer der Seeoffiziere, die mit allem Nachdruck dafür eintraten, daß die Flotte kämpfen müsse, daß sie **zum Kämpfen da sei**, daß sie zu Grunde gehen werde, wenn sie ihren Beruf nicht erfülle. Dieses Warneramt hat unser Verfasser unter Einsetzung seiner Person, seiner Stellung wahrgenommen. Als die verheerende Zeit der ganz unter Bethmannschem Einfluß stehenden Flottenleitung Ingenohl=Pohl zu Ende gegangen war, hatte Kapitän zur See von Levetzow das Glück, neben Admiral Scheer und Admiral v. Trotha in der Schlacht vor dem Skagerrak in der bedeutsamen Stelle des Chefs der Operationsabteilung der Schlachtflotte mitzuwirken; als die Seekriegsleitung gegen Ende des Krieges endlich geschaffen wurde, schien es selbstverständlich, daß er ihr Stabschef wurde. In dieser Stellung war Konteradmiral von Levetzow Zeuge weltgeschichtlicher Vorgänge.

Wir unterlassen es, eine Würdigung der nachstehenden Schilderung zu versuchen — denn wir sind überzeugt, daß jeder Leser die tiefe Tragik empfinden wird, die sie umschließt. Wie furchtbar zu wissen, daß damals, wie schon einmal vorher, das deutsche Schicksal in die Hand der damaligen Flottenleitung gelegt war, und daß sie unverantwortlich versagte!

Aber lassen wir Admiral von Levetzow selbst sprechen!

Strategische Lage in der Nordsee Anfang 1915

Die deutschen Hochseestreitkräfte unter Admiral von Ingenohl standen auf dem Kriegsschauplatze der Nordsee der englischen großen Flotte gegenüber. Hauptstützpunkt der deutschen Flotte war Wilhelmshaven mit der Jade, also der innere Winkel der Helgoländer Bucht, des sogenannten "nassen Dreiecks". Hiervon 500 bis 300 Seemeilen (900 bis 500 km) entfernt standen jenseits der Nordsee die englischen Seestreitkräfte, gestützt auf Scapa Flow am weitesten im Norden, auf die schottischen Häfen Cromarty (Firth of Nor) und Rosyth (Firth of Forth) und weiter südlich auf Harwich und die Themse.

In der Mitte der Nordsee, gleich weit etwa von der deutschen und der englischen Küste entfernt, liegt die ausgedehnte Doggerbank.

Das Rückgrat der deutschen Hochseeflotte bildeten zu Beginn des Jahres 1915 das erste und dritte Linienschiffsgeschwader, zusammen mit dem Flottenflaggschiff "Friedrich der Große", aus 17 Großkampfschiffen bestehend, und die erste Aufklärungsgruppe aus den vier Schlachtkreuzern „Seydlitz" (Flaggschiff des Befehlshabers der Aufklärungsschiffe Konteradmirals Hipper), „Moltke", „Derfflinger", „Von der Tann" und dem älteren „Blücher". Eine zweite Aufklärungsgruppe aus den vier kleinen Kreuzern „Graudenz", „Rostock" (zugleich Führerschiff der Torpedoboote), „Stralsund" und „Kolberg", sowie acht Torpedobootsflottillen mit etwa 80 Torpedobooten waren ihnen als leichte Streitkräfte angeschlossen. Das aus acht älteren Linienschiffen bestehende zweite Geschwader bildete ebenso wie die Linienschiffe der alten „Wittelsbach"- und „Kaiser"-Klasse und wie die älteren Kreuzer eine Reserve, die für den Hochseekampf nur bedingt in Frage kam und daher hauptsächlich nur für den Verteidigungskampf in der inneren deutschen Bucht und für den Schutz der Flußmündungen vorgesehen war.

Demgegenüber setzte sich die englische „Große Flotte" im ersten, zweiten und vierten Schlachtgeschwader aus 23 Großlinienschiffen zusammen, während das Schlachtkreuzergeschwader unter Führung von Vizeadmiral Beatty aus den Schlachtkreuzern „Lion" (Flaggschiff), „Tiger", „Prinzeß Royal", „Queen Mary", „New Zealand" und „Indomitable" bestand.

Das dritte englische Schlachtgeschwader bestand aus den acht älteren, aber kampfstarken Linienschiffen der „King Edward"-Klasse. Die neuesten leichten Streitkräfte bildeten das erste leichte Kreuzergeschwader aus vier Kreuzern der

Städteklasse und etwa 80 moderne Zerstörer, denen schnelle kleine Führerkreuzer zugeteilt waren.

Zahlreiche ältere Panzerkreuzer und kleine Kreuzer waren zu weiteren Verbänden formiert. **Das deutsche Zahlenverhältnis zum englischen war etwa das von 2 zu 3.** Durchweg waren jedoch die englischen Einheiten größer und schwerer armiert, als die entsprechenden deutschen; den 28 cm und 30 cm Kanonen der deutschen Schiffe standen die englischen 30,5 cm **und 34,3 cm Kanonen gegenüber.**

Aber das gegenseitige Zahlenverhältnis war zeitweilig nicht unerheblichen Verschiebungen unterworfen: beiderseits mußte mit dem wechselnden Ausfall mehrerer Einheiten gerechnet werden, hervorgerufen durch unvorhergesehene Umstände, vor allem aber durch unabweisbare Rücksichten wie Schonung des Materials und Schulung der Besatzungen, die zur Innehaltung planmäßiger Reparaturzeiten und zur Abhaltung von Fahr- und Schießübungen zwangen, wenn die Führer wechselten oder neue Schiffe zum Verbande traten. In Berücksichtigung dieser Verhältnisse hatte die deutsche Flottenleitung für operative Maßnahmen, die eigener Initiative entsprangen, folgende Richtlinien niedergelegt: „Zu größeren Offensivvorstößen, die zu einem Zusammentreffen mit der ganzen englischen Flotte führen können, muß angestrebt werden, vollzählig in See zu gehen. Zu solchen Gelegenheiten, deren Zeitpunkt wir zu bestimmen in der Lage sind, werden die Instandsetzungsarbeiten usw. so geregelt werden müssen, daß unter Vermeidung alles Auffälligen **möglichst alle Streitkräfte gefechtsbereit sind**".

Anfang 1915 bestand auf deutscher Seite ein Zustand höchster Bereitschaft, indem während der drei ersten Januarwochen alle Hochseestreitkräfte vollzählig auf Jade und Elbe versammelt waren, um einem auf Grund erhaltener Agentennachrichten **erwarteten englischen Verblockungsversuch** gegen unsere Flußmündungen entgegentreten zu können. Der englische Angriff fand nicht statt und ist offenbar auch nicht beabsichtigt gewesen. Dagegen hielt die den Engländern nicht unbekannt gebliebene Bereitschaftsstellung der Hochseeflotte auch sie in erhöhter Spannung und führte am 19. Januar zu einer **Erkundungsfahrt** ihrer Schlachtkreuzer und leichten Streitkräfte nach dem westlichen Teil der deutschen Bucht; sie verlief jedoch ohne besondere Vorkommnisse, da die Hochseestreitkräfte wegen ihrer weit rückwärtigen Aufstellung ihnen **nicht mehr rechtzeitig** entgegenzutreten vermochten.

Es ist von Interesse, zu hören, wie von englischer Seite die strategische Lage in der Nordsee in der ersten Januarhälfte beurteilt wurde; auf Grund amtlicher Dokumente schreibt darüber die englische Seekriegsgeschichte von Sir Corbett (Naval Operations): „Die große Flotte erhielt von Zeit zu Zeit Befehl, innerhalb zweier Stunden bereit zu sein, jederzeit in See gehen zu können, und gelegentlich wurden von Harwich aus Erkundungsfahrten gegen die Helgoländer Bucht gemacht, — aber bis Mitte Januar ereignete sich nichts. Die Erwägung aber, daß es der deutschen Flotte, wenn sie ihren Stützpunkt verlassen wollte, möglich war, sich den Zeitpunkt zum Schlagen **selbst zu wählen**, und dann schlagen konnte mit der versammelten Kraft ihrer ganzen Flotte, schuf für uns eine Lage, die unter den obwaltenden Verhältnissen gar nicht ohne Besorgnis war. Denn nach dem Verlust der „Formidable" und der Havarie des „Conqueror" und während mehrere Schiffe sich im Dock befanden, konnte **Admiral Jellicoe** tatsächlich nur auf 18 Großlinienschiffe und die acht King Edwards rechnen, 17 deutschen Großlinienschiffen und ihren älteren Schiffen gegenüber. Und ebenso hatte **Admiral Beatty**, nachdem „Queen Mary" nach Portsmouth ins Dock gegangen war, nur noch 5 Schlachtkreuzer zur Hand gegen die deutschen vier.

Im Hinblick auf das, was sich vor kurzem ereignet hatte (Ueberfall auf die englische Küste durch die deutschen Schlachtkreuzer am 16. Dezember) und was sich jeden Tag wieder ereignen konnte, war der Kräfteüberschuß auf englischer Seite nur gering, selbst, wenn man in Betracht zog, daß jede Einheit **stärker** war, als die **entsprechende deutsche**. Am 15. Januar erhielten wir bestimmtere Nachrichten: sie meldeten, „Seydlitz" und „Derfflinger" hätten die Jade verlassen und berichteten von einer fieberhaften Tätigkeit in Kiel und Wilhelmshaven, so daß ein **deutscher Angriff** unmittelbar bevorzustehen schien.

Unsere Schlachtkreuzer, die schon im Begriff standen,

nach dem Norden zur Abhaltung von Artillerieschießübungen zu gehen, wurden angewiesen, in ihrem Stützpunkt Rosyth zu verbleiben, und am 17. Januar erhielt Admiral Beatty Ordre, mit seinen Schlachtkreuzern und kleinen Kreuzern und zusammen mit den Zerstörern aus Harwich eine Erkundungsfahrt nach dem westlichen Teil der deutschen Bucht zu unternehmen. Sie fand planmäßig statt am 19. Januar und verlief ohne besondere Vorkommnisse. Auch in den nächsten Tagen ereignete sich nichts, mit Ausnahme eines e r s t e n d e u t s c h e n L u f t s c h i f f a n g r i f f s in der Nacht vom 19. zum 20. Januar, dessen Zweck noch nicht recht ersichtlich schien."

So standen sich Anfang 1915 die beiden Flotten gegenüber wie zwei Fechter, von denen jeder in spannungsvoller Erwartung den ersten Hieb des anderen auffangen will.

Englands vorzüglicher Spionagedienst

Eine Wendung der Dinge schien erst eintreten zu wollen, als am 20. Januar die deutsche Flottenleitung sich entschloß, die erhöhte Bereitschaft abzubauen und dementsprechende Maßnahmen zur Umgruppierung der Streitkräfte traf; nachdem sich der Chef der Hochseestreitkräfte auf die ältere „Deutschland" eingeschifft hatte, wurden das Flottenflaggschiff und das kampfkräftigste dritte Geschwader, im ganzen neun Großlinienschiffe zur Abhaltung von Uebungen nach Kiel entsandt, mehrere Linienschiffe des ersten und zweiten Geschwaders zur Instandsetzung in die Werft und auch von den Schlachtkreuzern erhielt am 23. Januar „Von der Tann" Befehl, sofort mit einer Reparaturzeit auf der Werft in Wilhelmshaven zu beginnen. Danach blieben in der Nordsee nur noch verwendungsbereit 6 Großkampfschiffe des ersten Geschwaders und fünf ältere des zweiten, ferner drei Schlachtkreuzer und „Blücher", die vier kleinen Kreuzer der zweiten Aufklärungsgruppe und einige Torpedobootsflottillen.

Dieser veränderte Bereitschaftszustand war den Engländern, offenbar aus entzifferten Funksprüchen, nicht verborgen geblieben und schien auch ihnen die Möglichkeit zu bieten, der **Großen Flotte** die lang ersehnte Erholungszeit zu gewähren. Der oben angegebene englische Bericht fährt darüber fort: „Zur See erschien nunmehr eine **Periode der Ruhe** eintreten zu sollen und schon hatte „Jron Duke", das Flottenflaggschiff, Befehl erhalten, nach Cromarty ins Dock zu gehen, **während Admiral Jellicoe einen Landurlaub antreten wollte**, dessen er nach der Anspannung der ersten sechs Kriegsmonate dringend bedurfte, als Nachrichten, die am Morgen des 23. Januar bei der Admiralität eintrafen, den ganzen Apparat zur **Sicherung der Nordsee** von neuem in Bewegung setzten." Und in der Tat ging die Veranlassung hierzu von der deutschen Flottenleitung aus, obwohl gerade, wie der vom deutschen Marinearchiv herausgegebene „Krieg in der Nordsee" treffend bemerkte, nach dem soeben erfolgten allgemeinen Abbau der erhöhten Schlagfertigkeit und in Uebereinstimmung mit den im Kriegstagebuch niedergelegten Richtlinien nunmehr **eine offensive Tätigkeit in der Nordsee** weniger denn je hätte ins Auge gefaßt werden können.

Es handelte sich um eine Unternehmung nach der Doggerbank; sie war seit langem geplant, ihre Ausführung war aber durch besondere Umstände und durch ungünstige Wetterlage bisher verhindert worden. Sie bezweckte, wie ein späterer Bericht des Kommandos der Hochseestreitkräfte darlegte, **einen ausgedehnten Torpedoboots-**

vorstoß mit Kreuzerrückhalt, Säuberung des Weges zur Doggerbank von etwa im feindlichen Dienst stehenden Fischerfahrzeugen und günstigenfalls Ueberraschung vorgeschobener leichter Vorpostenstreitkräfte des Feindes.

Das Wetter war seit langem zum ersten Male günstig und ließ die Mitnahme von Torpedobooten zu. Die englische Flotte hatte sich erst vor kurzem, am 19. Januar in der deutschen Bucht gezeigt. Die Flottenleitung nahm daher an, daß sie mit Rücksicht auf die mitgeführten leichten Streitkräfte nunmehr zum Kohlen in die Häfen eingelaufen sei, und daß daher ein kurzes Unternehmen der schnellsten Kreuzer nach der Doggerbank ohne Bedenken durchführbar sei. Unter diesen Voraussetzungen erschien dem Flottenkommando bei dem **geplanten kurzen Vorstoß** die Unterstützung durch das Gros nicht nötig.

So erging am 23. Januar vormittags folgender Befehl der deutschen Flottenleitung durch Funkspruch an den Befehlshaber der Aufklärungsschiffe, Konteradmiral Hipper:

"Erste und zweite Aufklärungsgruppe, erster Führer der Torpedoboote und zwei Flottillen nach Wahl des Befehlshabers der Aufklärungsschiffe klären Doggerbank auf. Auslaufen heute Abend in der Dunkelheit; Rückkehr am folgenden Abend in der Dunkelheit."

Im Laufe desselben Nachmittags sammelten sich die Schlachtkreuzer „Seydlitz" (Flaggschiff), „Moltke", „Derfflinger" und „Blücher", ferner die kleinen

Kreuzer „**Graudenz**", **Rostock**", **Stralsund**" und „**Kolberg**", sowie zwei Torpedobootsflottillen, im ganzen 19 Torpedoboote auf der Jade. Dieser Befehl an die deutschen Kreuzer ist offenbar von englischer Seite entziffert oder in anderer Weise bekannt geworden; jedenfalls traf am frühen Nachmittag dieses Tages beim englischen Flottenchef und bei Admiral Beatty folgendes Telegramm der englischen Admiralität ein:

„Vier deutsche Schlachtkreuzer, sechs leichte Kreuzer und 22 Zerstörer werden diesen Abend in See gehen, um gegen die Doggerbank aufzuklären. Rückkehr wahrscheinlich morgen abend. Alle verfügbaren Schlachtkreuzer, leichten Kreuzer und Zerstörer von Rosyth sollen vorstoßen gegen einen Treffpunkt in 55 Gr. 13 Nord 3.12 Gr. Ost (Südostecke Doggerbank). Ankunft dort morgen 8 Uhr vorm. Der Kommodore **Tyrwhitt** hat mit allen verfügbaren Zerstörern und leichten Kreuzern von **Harwich vorzustoßen**, um sich dem Vizeadmiral auf „**Lion**" anzuschließen. Wenn der Feind durch den Kommodore gesichtet wird, während er seinen Vormarschkurs kreuzt, soll er angegriffen werden. F. T. ist nur in dringenden Fällen zu benutzen."

Um 5,45 nachmittags verließen die deutschen Streitkräfte die Jade; etwa zur selben Zeit stießen auch die fünf englischen Schlachtkreuzer und die vier Kreuzer der „Southampton"-Klasse aus dem Firth of Forth gegen die Doggerbank vor und eben dorthin auch die Zerstörerflottillen aus Harwich mit den kleinen Kreuzern „**Arethusa**", „**Aurora**" und „**Undaunted**". Die übrigen englischen Streitkräfte folgten während der Nacht. Während also, wie das deutsche Seekriegswerk bemerkt, die britische Flotte sich **fast vollzählig** in konzentrischem Vormarsch gegen die Doggerbank zusammenzog, stießen unsere Kreuzer und Torpedoboote **nichts ahnend** eben dorthin vor.

Maßnahmen zur Aufnahme der vorstoßenden Streitkräfte durch die verfügbaren Verbände der Hochseeflotte waren nicht getroffen worden; sie wurden auch bei Hellwerden nicht in verschärfter Bereitschaft gehalten. Von den paar bereiten Luftschiffen stieg eines um 8 Uhr vorm. am 24. Januar auf, **zu spät jedoch**, um unsere Streitkräfte vor Ueberraschungen zu warnen.

„Ein Auftakt mit fröhlichem Gelächter"
„Auroras" große deutsche Flotte

In der grauen, leicht diesigen Nordseewinternacht, bei mäßiger See und leichtem Nordost folgen der „Seydlitz" in Kiellinie, also einer dicht hinter dem anderen, „Moltke", „Derfflinger" und „Blücher". Marschgeschwindigkeit 13 Seemeilen, Generalkurs NW auf die Südostecke der Doggerbank zu. Drei Seemeilen vor ihnen, als Sicherung bogenförmig vorgezogen, die kleinen Kreuzer „Graudenz" und „Stralsund" als Vorhut, „Rostock" als östliche und „Kolberg" als westliche Seitendeckung; jedem kleinen Kreuzer eine Halbflottille aus 4 bis 5 Torpedobooten beigegeben.

Die Nacht verlief ruhig. Gegen 8 Uhr dämmerte der Morgen; der östliche Wind hatte aufgefrischt, der Tag schien ungewöhnlich klar und schön zu werden.

Das zweite leichte englische Kreuzergeschwader aus den vier kleinen Kreuzern der „Southampton"-Klasse hatte den befohlenen Treffpunkt erreicht; 5 Seemeilen westlich von ihnen steuerten die britischen Schlachtkreuzer „Lion", „Tiger", „Prinzeß Royal", „New Zealand" und „Indomitable" weiter nach Süden, woher die leichten Streitkräfte aus Harwich ihnen entgegenkamen, die „Arethusa" mit sechs Zerstörern der neuesten „M"-Klasse bereits in Sicht, „Undaunted" mit 13 und „Aurora" mit 15 Zerstörern noch etwas weiter zurück, während die Kreuzer und Torpedoboote Admiral Hippers sich im Anmarsch auf NW-Kurs befanden, noch außer Sicht des Gegners, aber schnell sich ihnen nähernd.

Da, kurz nach 8 Uhr, Aufblitzen von Geschützfeuer im Westen der deutschen Marschsicherung. „Kolberg" ist auf einen kleinen Kreuzer mit einem Mast und 4 Schornsteinen gestoßen, inmitten einer größeren Zahl von Zerstörern und hat unverzüglich das Feuer eröffnet unter gleichzeitiger Abgabe des Signals „Einzelne feindliche Streitkräfte in Sicht".

Es war „Aurora", die ihrerseits nun auch als erste den englischen Führern den seit 8 Uhr von Minute zu Minute mit Spannung erwarteten Zusammenstoß mit dem Gegner meldete mit dem Signal „Bin im Gefecht mit der Hochseeflotte". Der englische Kriegsberichterstatter der Admiralität, Leutnant Filson Young, der den weiteren Ereignissen als Beobachter vom Gefechtsmast des britischen Flaggschiffs „Lion" gefolgt ist, bemerkt hierzu in seinem Buche „With the Battle Cruisers": „Die Tatsache, daß „Aurora" sich als im Kampfe mit der gesamten Seestreitmacht Deutschlands befindlich hinstellte, war jedenfalls ein Auftakt mit fröhlichem Gelächter zum grausigen Geschäft dieses Tages." In dem kurzen, noch in der Dämmerung sich abspielenden Gefechte zwischen den beiden Schiffen erhielt die „Aurora" 3 Geschoßtreffer", „Kolberg" 2, dann schlossen sich beide ihren Hauptstreitkräften an. —

Admiral Hipper hatte auf das erste Aufblitzen des Geschützfeuers sofort mit den Schlachtkreuzern zur „Kolberg" hinübergestaffelt. Als er dann weitere Funksprüche der „Kolberg" und Scheinwerfersignale der „Stralsund" über die Zusammensetzung der britischen Streitkräfte erhielt und diese sogar — was jedoch auf irrtümlicher Beobachtung beruhte, da das am nächsten stehende dritte englische Linienschiffsgeschwader noch 60 Seemeilen abstand — acht Großkampfschiffe meldeten, schwenkte Admiral Hipper vom Feinde ab auf Gegenkurs SO, um zunächst einen Ueberblick über die Lage zu gewinnen, während er den kleinen Kreuzern und Torpedobooten Befehl erteilte, nach vorn aufzudampfen und an der Spitze der Schlachtkreuzer Aufstellung zu nehmen. Von den Schlachtkreuzern aus sah man jetzt an Backbord achteraus eine große Anzahl feindlicher kleiner Kreuzer und Zerstörer mit hoher Fahrt aufkommen. Auf Anfrage des Admirals meldet „Blücher" als hinterstes Schiff der Linie: „Sieben kleine Kreuzer und etwa 27 Zerstörer, dahinter Rauchwolken" und erhält von „Seydlitz" das Signal: „Feuer eröffnen nach eigenem Ermessen."

Gegen 9,30 vorm. feuern die beiden hinteren 21 cm-Türme der „Blücher" auf die vorderste Gruppe der feindlichen Zerstörer auf Entfernungen von 90 bis 100 hm, die sich durch sofortiges Abdrehen dem Feuerbereich wieder entzieht.

Inzwischen ist es strahlend heller Tag geworden, Ferngefechtswetter mit **unbegrenzter Sichtweite**, wie es in der Nordsee nur selten im Winter vorkommt. Nur an Steuerbord achteraus ist der ganze Horizont durch den nach Südwesten wehenden Rauch unserer Schiffe verschleiert.

Als Kommandant S. M. S. „**Moltke**" stehe ich auf der oberen Signalbrücke zusammen mit dem Kriegslotsen, als dieser mir sagt, er sähe Steuerbord achteraus in West bis Westnordwest fünf einzelne Rauchwolken. „Das werden fünf von den feindlichen Zerstörern sein, Lotse!"

„Nein, Herr Kapitän! Dafür werfen sie mir ein zu breites Bugwasser auf!" Wir begutachten die fünf kaum sichtbaren Schatten auf dem Wellengrau noch durch das Glas, als auf 500 m halbrechts hinter uns eine schwere Granate ins Wasser schlägt und eine turmhohe Wassersäule aufwirft. Damit hat sich der Feind demaskiert und in der Tat wachsen nun aus den Rauchwolken **die massigen Umrisse von fünf britischen Schlachtkreuzern** über den Horizont, noch in einer Entfernung von etwa 20 km, aber schnell aufkommend.

Admiral Hipper deutete aus dem Sichten so zahlreicher und starker Streitkräfte auf die Nähe noch weiterer Verbände von Großkampfschiffen; die Meldung der „Stralsund" über das Sichten von acht Großkampfschiffen hat diese Vorstellung bestärkt. Unter diesen Umständen beschloß er, das Gefecht so lange wie möglich hinhaltend zu führen und zunächst mit hoher Fahrt **Annäherung an** die Deutsche Bucht zu suchen in der Erwartung, daß doch noch das eigene Gros in den Kampf eingreifen würde. So entschloß er sich, auch den bisherigen Kurs SO beizubehalten, da er am schnellsten nach der Deutschen Bucht hinführte, obwohl er damit die ausgesprochene Luvstellung in den Kauf nahm, die den Rauch in die Schußrichtung trieb und daher ungünstig das eigene Artilleriefeuer beeinträchtigen mußte. Diese Absichten wurden dem Chef der Hochseestreitkräfte durch Funkspruch übermittelt.

Doch war, wie wir wissen, mit der Möglichkeit eines Zusammentreffens unserer Kreuzer mit englischen Großkampfschiffen nicht gerechnet und daher von jeder Bereitschaftsstellung abgesehen worden; auf Vorposten befand sich zufällig nur das aus den fünf alten Linienschiffen bestehende zweite Geschwader mit wenigen Torpedobooten, zu schwach, um allein vorzugehen; eine Verstärkung durch die kampfkräftigen Schiffe des ersten Geschwaders aber konnte frühestens mittags erfolgen. Admiral Hippers Hoffnung auf rechtzeitige Unterstützung durch weitere Streitkräfte sollte sich danach leider als trügerisch erweisen.

Der ungleiche Kampf beginnt

Gegen 10 Uhr vorm. ging der Funkspruch des Admirals mit Angabe des Standortes ein: „In Westnordwest erstes feindliches Schlachtkreuzergeschwader in Sicht." Und kurz darauf die Meldung: „Seydlitz" ist im Gefecht mit erstem Schlachtkreuzergeschwader, steuert SO."

Auch Admiral Beatty hatte inzwischen, erst durch die Meldungen der „Aurora" und des Führerschiffes der kleinen Kreuzer „Southampton", dann durch eigene Wahrnehmung von dem Flaggschiff „Lion" aus eine Uebersicht über die Lage gewonnen. Sein Plan ging darauf aus, **auf die Südseite der deutschen Schiffe zu gelangen, um sie womöglich von ihrer Basis abzuschneiden.** Der verhältnismäßig geringe Fahrtüberschuß der englischen Schlachtkreuzer über die hohe Fahrt laufenden deutschen ermöglichte Admiral Beatty zwar nicht das Abschneiden, immerhin gelang es ihm, hinter der deutschen Linie ausholend, ihr die etwas südlichere Seite abzugewinnen und damit die artilleristisch günstigere Leestellung, auf die der deutsche Führer von vornherein aus strategischen Gründen hatte verzichten müssen. In dieser angelangt, schwenkten die britischen Schlachtkreuzer allmählich auf nahezu parallelen mit den deutschen.

Gegen 10 Uhr vormittags (siehe Kartenskizze) liefen die deutschen und britischen Schlachtkreuzer auf südöstlichen Gefechtskurs mit hoher Fahrt in der Richtung auf die Deutsche Bucht; vorn die deutschen Schlachtkreuzer in breiter Staffel, um alle Geschütze der vier Schiffe zum Tragen zu bringen, auf dem rechten Flügel das Flaggschiff „Seydlitz", dann mit je 400 Meter Schiffsabstand „Moltke", „Derfflinger" und „Blücher". 20 Kilometer dahinter etwa 20 Grad Steuerbord achteraus, also etwas nach Süden zu herausgeschoben, folgten mit hoher Fahrt die britischen Schlachtkreuzer, ebenfalls der Gefechtslage entsprechend nach links herausgestaffelt in der Reihenfolge „Lion", Tiger", „Prinzeß Royal", „New Zealand" (Flaggschiff des zweiten Admirals) und „Indomitable". Die leichten deutschen Kreuzer und Torpedoboote hatten ihre ihnen angewiesene Stellung vor und vorn seitlich an Steuerbord von der „Seydlitz" eingenommen, während es bei der hohen Fahrt der englischen Schlachtkreuzer den englischen leichten Streitkräften nicht mehr möglich gewesen war, die für ihren eventuellen Einsatz notwendige vorliche Stellung vor der eigenen Linie einzunehmen; sie folgten daher hinter ihren Schlachtkreuzern auf großen Entfernungen im Kielwasser der deutschen Schiffe oder etwas nach Norden herausgesetzt und beschränkten sich im weiteren Verlauf des Kampfes darauf, die Artilleriewirkung der eigenen Schlachtkreuzer zu beobachten und sie an „Lion" zu signalisieren.

— 25 —

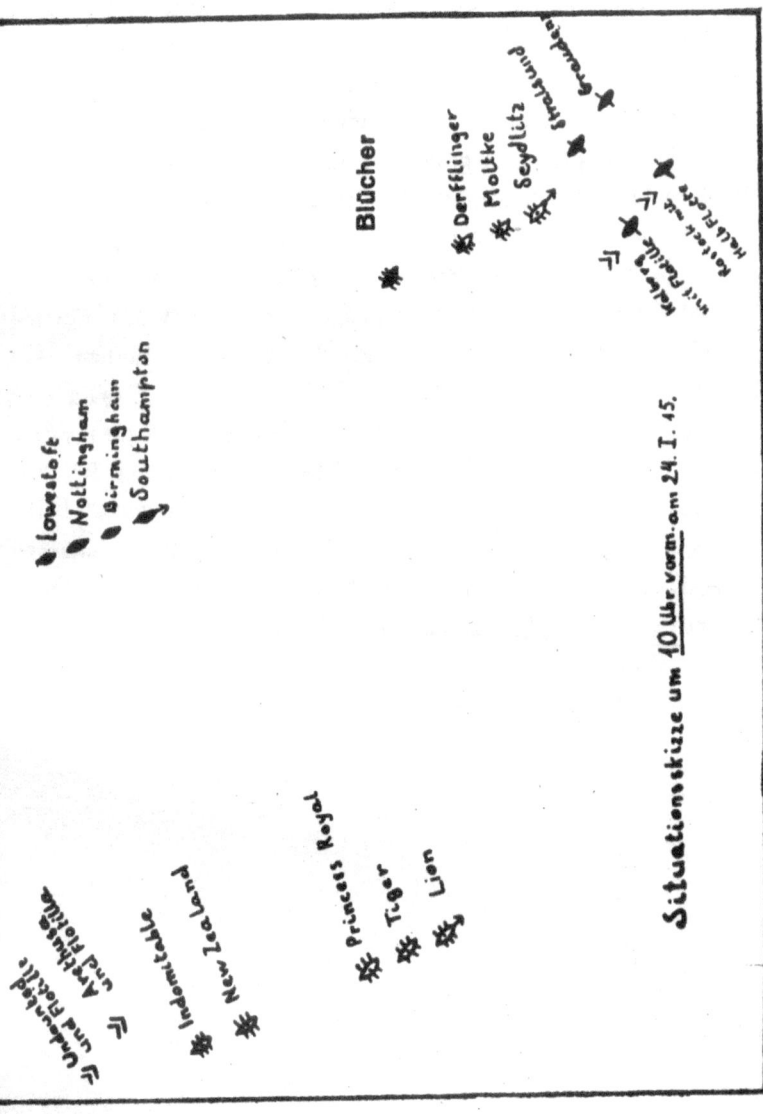

Bei dem nach Südwesten wehenden Wind lagen über den dahinjagenden deutschen Schiffen meist dicke Rauchwolken, die zeitweilig das Ziel fast völlig verdeckten, aber auch dem Gegner das Erfassen der deutschen Schiffe wesentlich erschwert haben. Admiral Jellicoe stand mit dem Gros der englischen Streitkräfte noch 150 Seemeilen ab von dem Gebiet, wo nunmehr der Kampf begann; nur das schwächere dritte britische Linienschiffgeschwader war auf 90 Seemeilen heran, auch noch zu weit, um den eigenen Schlachtkreuzern einen Rückhalt bieten zu können. So waren schließlich beiderseits die Schlachtkreuzergeschwader auf sich selbst gestellt.

Den vier deutschen Schlachtkreuzern mit einer Gesamtwasserverdrängung von 90 400 To. stehen die fünf britischen mit 132 400 To. gegenüber, den 40 schweren 30,5 cm, 28 cm und 21 cm Geschützen auf deutscher Seite mit einem Geschoßgewicht ihrer Breitseiten von 10 144 kg ebenfalls 40 schwere Geschütze auf englischer mit einem entsprechenden Geschoßgewicht von 20 320 kg.

Deutsche Blaujacken im Kampf

So begann, und in der bisher eingenommenen Formation auf südöstlichem Gefechtskurs weitergeführt, um 10 Uhr vorm. die Schlacht, die bis um 12 Uhr mittags gedauert hat, die erste Schlacht von Großkampfschiffen im Weltkriege.

9,52 vorm.

Auf 200 hm (20 km) fällt der erste feindliche Schuß: „Lion" feuert zum Einschießen einen Schuß auf „Blücher"; er liegt kurz, auch „Tiger" beginnt mit Einschießen auf „Blücher", ebenfalls kurz.

10,05 vorm.

Signal von „Lion" an die Schlachtkreuzer zum allgemeinen Feuereröffnen, auch „Prinzeß Royal" fällt nun ins Feuer ein, vorläufig auch auf „Blücher", das hinterste Schiff der deutschen Linie, gerichtet.

Noch schweigen die deutschen Geschütze, da ihre Lafetten erst eine Erwiderung von 190 hm ab gestatten.

10,09 vorm.

Signal von „Seydlitz": „Feuer eröffnen, Feuerverteilung von links", danach feuerte jedes deutsche Schiff auf das ihm gegenüberstehende feindliche, so daß bei der geringeren Zahl der deutschen Schiffe „Indomitable" als das von uns aus gesehene am weitesten rechts in der englischen Linie stehende Schiff nicht unter Feuer genommen wurde. „**Derfflinger**" eröffnet als erstes deutsches Schiff das Feuer.

10.12 vorm.

„Lion" erzielt ihren **ersten Treffer gegen** „**Blücher**". Einer der Ueberlebenden, der Fähnrich zur See Paulsen, berichtet: „Da, plötzlich ein gewaltiger Krach, ein Klirren, als ob Glas in Scherben springt, das Schiff schüttelt sich — Treffer im Vorschiff. **Mit steilem Einfallwinkel** war er mitten in die Back gesaust; eine hohe Rauch= und Feuersäule schoß aus der klaffenden Wunde. Von allen Seiten wurde nach der Parole gefragt, denn unten im Schiff hat man ja nur die kurze Erschütterung verspürt, von Ursache und Wirkung weiß man nichts. Wie bei den Friedensübungen kommen von allen Seiten die Meldungen zur Zentralstelle unten im Schiff, wo der erste Offizier, Korvettenkapitän Roß, den Sicherungsdienst leitet. Brand=, Rauch= und Gasgefahr im Vorschiff ist das Ergebnis der Meldungen. Nach wenigen Minuten schon kommt der brave Zimmermeister schweißtriefend und pechschwarz im Gesicht und meldet: „**Vorschiff ist klar**".

10.14 vorm.

„Lion" wechselt Ziel nach rechts auf „Moltke", während „Tiger" und „Prinzeß Royal" vorläufig noch weiter auf „Blücher" feuern. 10,18 bis 10,20 vorm.

Auch „Blücher" und „Seydlitz" und „Moltke" eröffnen das Feuer. Die Entfernung betrug jetzt 170 hm, sank im weiteren Verlauf auf 140 hm, um sich dann im Durchschnitt auf etwa 165 hm zu halten. Den Fahrtüberschuß nutzte der Feind aus, um durch häufige Kursänderungen dem deutschen Feuer auszuweichen. Auch der Feind war zeitweilig derart in Rauch gehüllt, daß mitunter nur die Spitzenschiffe aus dem Qualm hervortraten, um dann von mehreren unserer Schiffe gleichzeitig unter Feuer genommen zu werden.

10.21 vorm.

„Lion" erhält seinen ersten Treffer. Filson Young schreibt: „Bis jetzt hatte man eigentlich nur das Entgegenprallen von Wind und See vernommen, ab und zu durch das Dröhnen unserer Geschütze unterbrochen; jetzt aber begann der Feuerlärm lauter und lauter zu werden; die feindlichen Geschosse fielen ganz dicht um uns herum, so daß die von ihnen aufgeworfenen Wassersäulen unsere Decks überfluteten. Der Augenblick war gekommen, wo man sich von der offenen Brücke in den Kommandostand begeben mußte. Da dieser schon vollgepfropft war mit den dort unentbehrlichen Personen, mußte der Stab des Admirals sich teilen und der zweite Flaggleutnant und ich begaben uns in das luftige Krähennest vom Vortopp. Gerade als wir emporkletterten, verkündete ein entsetzlicher Knall mit Erschütterung, daß „Lion" getroffen worden war."

Aber auch an die deutsche Linie hatte sich der Feind jetzt herangeschossen: immer näher liegen die Aufschläge seiner Granaten, bis die aufgeworfenen Wassersäulen rings um unsere Schiffe stehen, auf Deck und Türme niederstürzend. Die Detonationen der krepierenden Granaten werden überschrien von dem Krachen unserer eigenen Geschütztürme, die jetzt in schneller Salvenfolge ihr Feuer eröffnet haben. Ueber alles Lob erhaben ist die Haltung unserer braven, tapferen Besatzungen.

Während Sprengstücke der rings um das Schiff detonierenden Granaten das Deck S. M. S. „Moltke" besäten, läßt der Kommandant durch das Netz von Sprachrohren und Telephonen seine Leute von dem Gang des Gefechts wissen. Auf dem Gefechtsverbandsplatz greift ein unbeschäftigter Mann zur Geige; und mitten im Toben und Tosen der Schlacht tönt es: „Es braust ein Ruf wie Donnerhall, wie Schwertgeklirr und Wogenprall!" Der Nächste singt mit, von Lippe zu Lippe hallt durch Munitionskammern und Geschütztürme, durch alle grauen kahlen Gänge der schwimmenden Burg der feierlich ernste und doch kampffreudig frohe Schlachtgesang.

So hallt es dem Kommandanten im Kommandostand entgegen — ein Stolz ohne gleichen, mit solcher Besatzung im Kampf zu stehen! Ohne Rast aber verrichten die Fäuste weiter ihre rauhe treue Arbeit für Kaiser und Vaterland! —

10.35 vorm.

Signal von „Lion" an die englischen Schiffe: „Das entsprechende Schiff der feindlichen Linie unter Feuer nehmen." Danach blieb nur das Feuer der „New Zealand" gegen „Blücher" gerichtet, da „Indomitable" noch nicht bis in Reichweite ihrer Geschütze hatte aufdampfen können. Admiral Beatty sagt in seinem Gefechtsbericht: „Als ich das Signal machte, vereinigten drei der deutschen Schiffe ihr Feuer auf „Lion". „New Zealand" konnte jetzt sein Feuer auf „Blücher" eröffnen, da dieses Schiff etwas zurückzubleiben begann. „Prinzeß Royal" wechselte Feuer auf das dritte deutsche Schiff „Derfflinger", ihr erheblichen Schaden zufügend. (Tatsächlich hat „Derfflinger" nur einen Treffer erhalten, der die Gefechtstätigkeit des Schiffes nicht beeinträchtigt hat.)

„Lion feuerte auf Nummer 1 („Seydlitz"), „Prinzeß Royal" auf Nummer 3, während „Tiger", die Nummer 2 der englischen Linie, zuerst auf Nummer 1 feuerte, dann aber, als Rauchbehinderung eintrat, sein Feuer wieder auf Nummer 4 („Blücher") richtete. Das war bedauerlich, denn nun blieb das zweite deutsche Schiff, die „Moltke", von jetzt ab unbefeuert, und so konnte sie ungestört auf „Lion" feuern."

Pulverbrand auf S. M. S. „Seydlitz"
10.40 vorm.

Schwere Erschütterungen auf „Derfflinger" infolge eines unmittelbar hinter dem Schiff eingeschlagenen Kurzschusses. Wände im äußeren Wellentunnel werden verbogen und Nieten springen aus der Bordwand, das Schiff macht Wasser, das Leck ist jedoch in wenigen Minuten gedichtet. Gleichzeitig erhält „Seydlitz" aber einen Treffer von verhängnisvoller Wirkung: das ganze Hinterschiff ist plötzlich ein wogendes Feuermeer, das bis zur Masthöhe emporlobert. Eine 34 cm Granate hatte den Zitadellpanzer des hinteren Geschützturms dicht unter dem Oberdeck getroffen, war außerhalb des Panzers detoniert und hatte die dort liegenden Wohnräume vollständig zerstört; durch die Gewalt des Aufschlags waren ausgebrochene glühende Teile der Barbette durch den Turmraum geflogen und hatten dort die bereitliegenden Kartuschen entzündet; der Pulverbrand hatte sich nun mit rasender Geschwindigkeit nach oben und unten fortgesetzt und war auch auf die Nachbarräume des zweiten hinteren Turmes übergesprungen, wo sich nun ebenfalls die Kartuschen entzündeten; in wenigen Minuten brannten 6000 kg Pulver ab und das war nur ein kleiner Teil des Gesamtvorrats beider Türme — und begruben mit einem Schlage 165 Mann Bedienungsmannschaften in ihrer Glut. Die Türme standen still.

Darüber äußert sich der derzeitige erste Artillerieoffizier S. M. S. „Seydlitz", Korvettenkapitän Foerster: „Ich bekam die Meldung: Turm Dora gibt keine Antwort und gleich darauf: Turm Caesar gibt keine Antwort". Auf die Meldung, daß beide Türme keine Antwort gäben — im Gefecht werden alle Gefechtsstationen von Zeit zu Zeit angerufen, um ihre dauernde Bereitschaft zu prüfen — war mir klar geworden, daß es sich um einen Pulverbrand in diesen Türmen und ihren Munitionskammern handeln mußte. Ich gab also zunächst Befehl: „Abteilung drei — das ist die Abteilung des Schiffes, in der diese beiden Türme mit ihren Kammern liegen — fluten", d. h. unter Wasser setzen. Dann sah ich vom Artilleriekommandostand aus einen Augenblick — ich durfte mein Ziel, den „Lion", nicht zu lange aus dem Auge lassen — nach hinten in die Richtung der Türme C und D. Das war ein grausenerregender Anblick; das ganze Hinterschiff war in eine blaurote Stichflamme eingehüllt, die unbeweglich bis in die Höhe der Mastspitzen stand. Also die Munitionskammern beider Türme in Brand, es konnte sich wohl nur noch um Sekunden handeln, dann waren die Geschosse reif zur Detonation, und dann flog das Schiff unweigerlich in die Luft. Das war kein schöner Gedanke, also weg mit ihm und zu etwas Verständigerem!

Jetzt konnte es für uns nur eines geben: Schießen, so schnell wir konnten, um nach Möglichkeit auch noch etwas in den letzten Augenblicken zu erreichen. So gab ich dann den Befehl zum Schnellfeuern und in Zwischenräumen von nur 10 Sekunden flogen schwere und mittlere Salven aus den Geschützmündungen heraus.

Neben der „Seydlitz" stand die „Moltke", es war ein schauerlicher Anblick, als aus der schönen, stolzen „Seydlitz" die riesige Feuersäule herausschoß, und zu seinem Personal im Kommandostand sagte der Kommandant: „Seht Euch noch einmal die gute „Seydlitz" an, gleich ist sie weg!" Und da schossen aus dieser Feuersäule die Salven heraus, 1, 2, 3 als ein Zeichen des Lebens und Kämpfenwollens auf dem, wie man glaubte, bereits dem sicheren Tod geweihten Flaggschiff.

Da haben der Kommandant und seine Männer im Kommandostand ihre Mützen vom Kopf gerissen und gerufen: „Drei Hurras für unsere tapfere, unvergängliche „Seydlitz"!" „Inzwischen," so fährt der erste Artillerieoffizier der „Seydlitz" fort, „war unser erster Offizier, Korvettenkapitän Hagedorn, mit dem Feuerwerker und Pumpenmeister in die Abteilung drei vorgedrungen, da, wo die Ventile zum Unterwassersetzen der Abteilung lagen. Das war eine schwierige Arbeit, denn aus den brennenden Munitionskammern war der giftige Pulverqualm in alle Räume der Abteilung gedrungen und es herrschten dort bereits erstickende Temperaturen. Aber jetzt handelte es sich um **die Rettung von Schiff und Besatzung**, da waren Pulverqualm und Temperatur Nebensache.

Mit Todesverachtung stürzten die drei in die Abteilung zu den Flutventilen, sie hätten sie im Schlafe finden können, so oft war bei den Exerzitien die Lage und Bedienung dieser wichtigen Ventile instruiert worden. In rasender Eile reißen sie ein Ventil nach dem anderen auf, **die Handräder sind glühend, die Haut bleibt daran kleben, was schert's!** Das Schiff muß gerettet werden. Halb ohnmächtig kommen sie aus der Abteilung wieder heraus, es ist gelungen, die Munitionskammern sind unter Wasser gesetzt, der Brand unten im Schiff — **der gefährlichste Brand** — ist gelöscht. Aber oben aus den Türmen schlagen noch helle Flammen, das Holzdeck an den Türmen hat bereits Feuer gefangen und brennt, alles ist in einen undurchdringlichen Qualm gehüllt! Auch diesem Brand wird noch zu Leibe gerückt; vom Nachbarturm E bringt eine Abteilung unter Leutnant zur See Walter vor; mit Feuerlöschschläuchen gehts oben in den Turm und nach kurzer Zeit ist dort alles gelöscht, so daß nun dort keine Gefahr mehr droht.

Als bei seinem Besuch an Bord ein paar Tage später der Kaiser zum Leutnant zur See Walter, dem er das Eiserne Kreuz überreichte, freundlich sagte: „Na, das war wohl sehr warm da im Turm?" da antwortete Walter prompt: „Jawohl, Euer Majestät, mehrere tausend Grad".

Aber um diese Zeit begann auch das britische Flaggschiff, wie Admiral Beatty in seinem Gefechtsbericht meldet, auf das schwerste unter dem vereinigten Feuer der deutschen Schiffe zu leiden; einen Treffer hatte es bereits erhalten, ihm folgten nach britischer Darstellung noch weitere 17. Da der Ausfall der „Lion" schließlich zum Abbruch des Kampfes auf englischer Seite geführt hat, wird es von Interesse sein, das Bild unserer Schlacht in ihrem weiteren Gang zunächst von der gegnerischen Seite aus zu betrachten.

Dort ist, wie wir wissen, Filson Young vom Stabe des Admirals Beatty als Beobachter im vorderen Gefechtsmast der „Lion" postiert; während er da oben im luftigen Aufenthalt, auf harter Plattform knieend, mit den Augen über der Brüstung dem Verlauf der Schlacht folgt, hat sich ihm, wie er schreibt, ihr Anblick mit allen Einzelheiten eingeprägt. „Vor mir", so schildert er den Gesamteindruck, „sah ich nur den Horizont und etwas an Backbord vier schwarze Flecke, die man nur durch die Ferngläser als große Schiffe ausmachen konnte.

Blickte man zur Seite, so sah das Gesamtbild so aus, wie es die Kartenskizze darstellt. Aber das Eigenartige an dieser weit ausgedehnten Jagd in südöstlicher Richtung war, daß sie ohne Fortbewegung zu sein schien, wie die auf einem riesigen Schachbrett aufgestellten Figuren: die weit entfernte Linie der feindlichen Schlachtkreuzer, die noch weiter entfernte der englischen leichten Kreuzer seitwärts von ihnen, die englischen Zerstörer hinten, und, als Spitze und Kopf dieses ganzen Bildes **der Qualm und Rauch** der deutschen kleinen Kreuzer und Zerstörer — alle diese Figuren wechseln mitunter für eine halbe Stunde nicht ihre gegenseitigen Stellungen, und so schienen sie als das Einzigste, was auf dem weiten Meere zu sehen war, **wie bewegungslos**.

Einmal, da erschienen plötzlich noch mehr schwarze Flecke, es war **eine Gruppe von Fischern**, die friedlich am Rande der Doggerbank fischten, plötzlich sahen sie sich mitten im Gewitter einer Seeschlacht. Die deutschen Schlachtkreuzer passierten nordöstlich, die britischen südwestlich von ihnen und weit hinweg über ihre Köpfe sauste das Feuer, mir aber erschien es, als wären sie auf **unser großes unbewegliches Schachbrett** versetzt worden, heruntergezerrt nach der Mitte vom Brett, um dann nach 20 Minuten wieder an seinem nördlichen Rande zu verschwinden. Und wieviel hat sich an Einzelheiten meinem Gedächtnis eingeprägt; der Geruch vom Pulverqualm aus unseren Geschützmündungen, wie er uns ins Gesicht trieb, die überwältigenden Töne, die uns umfingen, Töne, die zu den gewaltigsten gehören, die ich je vernahm, so grandios waren sie, so tief und so erschütternd.

Es gab in diesem Riesenorchester keinen scharfen und musikalisch unharmonischen Ton; es war, als ob der ganze Himmel sich in einem Donnerkrachen entlüde. Aber auch der Stillen entsinne ich mich, der Pausen von 5 bis 10 Sekunden, wo man nur das Zittern des Windes und seine harfenähnlichen Melodien in der Takelage vernahm, bis dann wieder eine Salve aus unseren Geschützen den ganzen Himmel auseinander riß und, wie ein Echo, das dumpfe Brüllen aus den deutschen Kanonen antwortete, das Intervall zwischen ihr und der nächsten Salve überbrückend. Deutlich sah ich das Aufblitzen der Salven von „Seydlitz" und „Moltke", der beiden deutschen Schiffe, die auf „Lion" feuerten, und indem ich auf einer Sekundenstoppuhr ihre Flugzeit der Entfernung entsprechend einstellte, wußte ich auf die Sekunde genau, wann ihre Ankunft sich ankündigen würde, entweder durch eine Explosion und Erschütterung, daß einem die Zähne im Munde wackelten oder durch das Aufwerfen einer Gruppe wundervoller und imposanter Seefontänen, deren Wasser sich zu Säulen von 200 Fuß steigerte, oben pilzartig sich ausbreitend, 5 bis 10 Sekunden stehend, um dann in sich zusammenzufallen, unsere Decks mit Strömen von Wasser überschüttend.

Wenn man das Aufblitzen der Kanonen dort drüben beobachtete und dann sah, wie sich der kleine Sekundenticker auf dem Zifferblatt der Uhr in Bewegung setzte, wie eigenartig, dann sich vorzustellen: jetzt habe ich vielleicht noch 23 Sekunden zu leben, und wenn der kleine Zeiger die Strichmarke erreicht, dann — Vergessenheit!"

Gegen 11 Uhr vorm.

Nur 2 Minuten nach dem Treffer auf der „Seydlitz" wurde „Lion" zum zweiten Male getroffen: „Um ein Haar wäre sie, wie Filson Young sagt, erledigt gewesen, denn eine 28=Zentimeter=Granate der „Seydlitz" oder „Moltke" **drang in eine Munitionskammer ein — aber detonierte nicht!"**

Doch schon kurz darauf, um 10.54 vorm. und um 11.01 vorm. erhält sie den dritten und vierten Treffer: der erstere zertrümmert die Turmdecke von dem einen vorderen Turm und setzt ein Geschütz außer Gefecht, der letztere dringt durch den Panzer in die Maschinenwerkstatt. Einströmendes Wasser überflutet den offenstehenden Schaltraum, so daß zwei Dynamomaschinen Kurzschluß erleiden und die Stromkreise für den achteren Leitstand und die leichte Artillerie unterbrochen werden. **Das Schiff beginnt, sich nach Backbord überzulegen.**

Gleichzeitig ging Admiral Beatty mit der Fahrt von 28 auf 24 Seemeilen herab, um die Schlachtkreuzer, die durch die hohe Fahrt auseinandergerissen waren, wieder zusammenzufassen. Zwar stand „Tiger" noch dicht hinter „Lion", aber schon zwischen ihr und der „Prinzeß Royal" war der Abstand vergrößert, während ein erheblich größerer Abstand zwischen diesem Schiff und der „New Zealand" stand. Die „Indomitable" aber als letztes und langsamstes Schiff war soweit achteraus gesackt, daß sie überhaupt nicht während der Schlacht auf Reichweite ihrer Geschütze mehr herankam. Die Maßnahmen des britischen Führers wurden jedoch noch beeinflußt durch einen anderen Umstand: **in der letzten halben Stunde** stand Admiral Beatty in ständiger Sorge vor einem Angriff deutscher Torpedoboote, deren Bewegungen an der Spitze der deutschen Linie in ihm die Vorstellung erweckten, daß eine solche Absicht vorläge, um dem Kampf eine andere Wendung zu geben, zumal angesichts der auch von den Engländern wahrgenommenen Beschädigungen an „Blücher" und „Seydlitz".

Hierin konnte den englischen Admiral auch die taktische Lage wohl bestärken, die Filson Young für 10.43 vorm. mit der Bemerkung schildert: „obwohl die deutschen Zerstörer unsere im Gefecht befindliche Seite nicht hätten angreifen können, ohne das Feuer ihrer eigenen Schlachtkreuzer zu maskieren und ohne in den Feuerbereich der unsrigen zu kommen, so war ihre Stellung doch derart, daß es sich wohl für sie verlohnt hätte, einen Angriff ihrer Zerstörer mit den weittragenden Torpedos gegen unsere Linie zu wagen."

Um einen solchen Angriff abzuweisen, hätten die britischen Zerstörer an der Spitze ihrer Schlachtkreuzer stehen müssen: obwohl aber Admiral Beatty bereits 10.20 vorm. den Zerstörern Befehl erteilt hatte, sich mit äußerster Kraft an die Spitze zu setzen, erwies sich dies selbst für die schnellsten von ihnen bei der hohen Fahrt der Schlachtkreuzer als völlig unmöglich.

Die britischen Schlachtkreuzer waren daher für die Abwehr eines deutschen Torpedobootsangriffs ganz auf ihre eigene Kraft gestellt, und aus diesem Grunde hatte Admiral Beatty bereits um 10.40 Uhr zwei Strich vom Feinde abgewendet, indem er gleichzeitig seine Schlachtkreuzer auf die bestehende Gefahr eines solchen Torpedo-Bootsangriffs hinwies. Als dann um 11 Uhr vormittags die deutschen Schiffe durch den Rauchschleier der Boote verdeckt erschienen, und die Engländer ihre eigenen Geschoßaufschläge nicht mehr beobachten konnten, schien Admiral Beatty der drohende Torpedobootsangriff, unter dessen Deckung sich die deutschen Schlachtkreuzer womöglich aus dem Feuer herauszögen, zur Ausführung zu gelangen; er erteilte daher „Lion" und „Tiger" Befehl, mit der Mittelartillerie auf die vermeintlich anlaufenden Boote das Feuer zu eröffnen, das jedoch nach kurzer Zeit, als der Angriff abgeschlagen zu sein schien, wieder eingestellt wurde. Noch stärker wurde Admiral Beatty in seinen taktischen Entschlüssen und Bewegungen durch die dauernde Befürchtung beeinflußt, die deutschen Torpedoboote könnten Minen in seine Fahrtrichtung legen. Sein Gefechtsbericht sagt darüber: „Jeder Versuch unserseits, näher an den Feind heranzukommen, begegneten seine Torpedobootsstreitkräfte mit einer Kursänderung nach Steuerbord (also nach Süden hin), wodurch wir genötigt gewesen wären, ihren Kurs zu kreuzen — und das mußte vermieden werden im Hinblick auf die Gefahr, daß sie Minen streuen. So blieb nichts anderes übrig, als unser ganzes Vertrauen auf die Aufrechterhaltung höchster Fahrt zu setzen und mit ihr eine Ueber=

lappung nach vorn anzustreben, solange, bis wir seitlich genügend weit heran waren, um den Feind nach Norden hin abzudrängen, oder ihn zum entscheidenden Nahkampf zu zwingen."

Dieser Gefechtsplan schien dem britischen Führer gegen 11 Uhr vorm. durchaus durchführbar: noch war es verhältnismäßig früh am Tage, er stand über 100 Seemeilen von Helgoland ab, die „Große Flotte" unter Admiral Jellicoe kaum 150 Seemeilen entfernt, war im Anmarsch aus nördlicher Richtung und auf deutscher Seite begannen bereits „Blücher" und „Seydlitz" erhebliche Wirkungen des britischen Feuers zu zeigen. Aber Admiral Beatty täuschte sich in seiner Beobachtung der deutschen Torpedoboote, seine entsprechenden Annahmen und Befürchtungen waren irrig, ein Angriff der Torpedoboote fand gar nicht statt, ist auch, wie wir hören werden, zu diesem Zeitpunkt nicht beabsichtigt gewesen. Auch Minen konnten sie nicht legen, weil keine mitgenommen waren. Aber für den britischen Admiral mag deswegen ein anderer Eindruck entstanden sein, weil zu dieser Zeit deutsche Torpedoboote zwischen den beiden Linien achteraus sackten, da sie die hohe Fahrt nicht halten konnten, während aus dem gleichen Grunde andere vor der Spitze der deutschen Schlachtkreuzer nach Feuerlee sich hinüberzogen.

Schlachtkreuzer „Lions" letzte Stunde
11,04 Minuten vormittags

Infolge der Fahrtverminderung der britischen Schlachtkreuzer und ihrer Wendung vom Feinde ab haben die Entfernungen so zugenommen, daß „Lion" trotz größter Erhöhung seiner Geschütze noch zu kurz schoß. Trotz der Wirkung der letzten Treffer auf „Lion" steigerte Admiral Beatty daher die Fahrt der Schlachtkreuzer, um **wieder auf Schußweite heranzukommen**, nochmals auf 26 Seemeilen und hielt gleichzeitig wieder etwas schärfer auf die deutsche Linie zu.

Aber kaum war er wieder auf Gefechtsentfernung heran, als sein Flaggschiff von zwei Granaten der „Moltke" fast gleichzeitig getroffen wurde. Sir Julian Corbett berichtet: „So ungeheuer waren in diesem Augenblick die Erschütterungen, daß man im ersten Augenblick auf „Lion" dachte, **das Schiff sei torpediert worden**. Aber auch so erwies sich die Wirkung als schlimm genug: die eine Granate traf unterhalb der Wasserlinie, drückte dort einige Platten des Gürtelpanzers mit der Holzhinterlage ein, so daß die vorderen Kohlen-

bunker an Backbord voll Wasser liefen. Die andere durch=
schlug den Panzer in der Wasserlinie, krepierte im Tor=
pedobreitseitraum, und in wenigen Minuten standen alle
Nachbarabteilungen bis zum Hauptdeck unter Wasser. So
konnte die Sache unmöglich lange mehr weiter gehen, das
deutsche Feuer war genau und sehr
schnell; die Salven lagen gut zusammen; und so gut
lagen die deutschen Spitzenschiffe am Ziel, daß die Auf=
schläge ihrer Kurzschüsse Kommandostände und Turm=
hauben mit grünen Seen überschütten. Admiral Beatty
war jetzt gezwungen, im Zickzack zu fahren. Alles,
was unsere Schlachtkreuzer an Dampfkraft in sich hatten,
schien es jetzt nötig herzugeben, wenn sie noch eine Ent=
scheidung erzwingen wollten."

Und Filson Young bemerkt: „Das Schiff schien still zu
stehen und der Mast, an dem die Vorstänge angebracht war,
wankte und wogte wie ein Baum im Sturm, das Schiff
schien sich in Stücke zu schütteln. Wir sahen
einander an und standen im Begriff, unseren
kleinen Käfig zu räumen, um uns in den Teil des Meeres
zu begeben, den die Vorsehung uns bestimmt hatte. Die
deutschen Salven fielen dauernd in Gruppen von 3 und
sogar von 5 Schüssen.

Auch der Speisewassertank des Backbordkondensators
wurde zertrümmert, und trotz der äußersten Anstrengung
des Maschinenpersonals zwang diese Beschädigung schließ=
lich zum Stoppen der Backbordmaschine, wenn auch die
Wirkung mit ihren verhängnisvollen Fol=

gen sich erst im Laufe der nächsten halben Stunde geltend machen sollte.

11.27 bis 12.05 Vorm.

In dieser letzten halben Stunde der Schlacht haben sich nach englischer Beobachtung und Darstellung folgende Vorgänge abgespielt: „Blücher" brannte; das Schiff folgte zwar heftig feuernd noch der deutschen Linie, aber der Abstand von ihr nahm zu, es blieb immer weiter hinter ihr zurück, der englischen Beobachtung nach wanderte das Schiff nach Norden hin aus.

Auch die übrigen deutschen Schlachtkreuzer schienen den Engländern schon ernster unter dem britischen Feuer gelitten zu haben, sie hielten jedoch den bisherigen Gefechtskurs ihrem Stützpunkt entgegen mit hoher Fahrt bei; ihre hinteren Schiffe hatten anscheinend nach vorwärts gestaffelt und so die Gefechtsentfernungen von der englischen Linie vergrößert.

11.28 Vorm.

Unter diesen Umständen hielt Admiral Beatty den Zeitpunkt für gekommen, die Entscheidung durch Herangehen herbeizuführen, obwohl er die ursprünglich hierfür angestrebte Stellung einer seitlichen Ueberlappung noch nicht erreicht hatte. Er signalisierte daher zunächst seinen Schlachtkreuzern, an die abgestaffelten hinteren deutschen Schiffe mit äußerster Kraft heranzustaffeln. Im Anschluß hieran um 11.35 Vorm. einen Strich nach Backbord zu wenden, und um 11.45 Vorm. nochmal um einen Strich, also noch weiter auf die deutsche Linie zu. Die Annäherung hat kaum begonnen, als sich von neuem die geradezu verheerende Wirkung des deutschen Feuers, besonders des vereinigten Feuers von „Seydlitz" und „Moltke" gegen das britische Spitzenschiff zeigt: nach englischer Darstellung schlagen jetzt Granate auf Granate auf „Lion" ein, sie erhält innerhalb kaum 10 Minuten nicht weniger als sechs schwere Treffer.

Um 11.35 und 11.36 Vorm. wird wieder der Gürtelpanzer der „Lion" durchschlagen und es werden noch mehr Bunker unter Wasser gesetzt, und um 11.41 Vorm. explodiert eine Granate im Vorraum zur Munitionskammer des vorderen Geschützturms. Filson Young bemerkt hierzu: „Nun wähnten wir unseren letzten Augenblick gekommen, denn durch das Sprachrohr erhielten wir die Mitteilung, daß die Munitionskammer des Turmes A brenne. Wir saßen in der entsetzlichen und dumpfen Erwartung der letzten fürchterlichen Explosion und der ewigen Stille, die ihr folgen würde, aber es erfolgte nichts. Und nach 4 Minuten wurde unser Todesurteil befristet mit der willkommenen Botschaft, daß das Feuer gelöscht sei, daß es gelungen wäre, die Kammer zu fluten und daß wir mit 20 Seemeilen die Fahrt fortsetzen." So hätte um ein Haar hier schon dasselbe Schicksal „Lion" ereilt, das erst in der Skagerrakschlacht sich an drei ihrer Geschwister erfüllen sollte.

11.47 Vorm.

Da es fraglich zu werden begann, ob und wie lange das britische Flaggschiff angesichts der erlittenen Beschädigungen und der bereits herabgesetzten Geschwindigkeit imstande sein werde, an der Spitze der englischen Linie seinen Posten innezuhalten, gab Admiral Beatty den Schlachtkreuzern durch Signal die Gefechtsanweisung: „**So schnell wie möglich an den Feind ranzugehen, soweit alle Geschütze dabei zum Tragen gebracht werden könnten.**" („Close enemy as rapidly as possible, consistent with all guns bearing").

Nur „Indomitable", die immer noch zu weit hinten stand, um sich am Feuer gegen die deutsche Linie beteiligen zu können, erteilte er zur gleichen Zeit den Sonderbefehl, **den nach Norden hin ausbrechenden Feind anzugreifen** („Attack enemy making to the northward"). Gemeint war damit „**Blücher**", der inzwischen erheblich hinter seinen drei anderen Gefährten zurückgeblieben war und mit starker Schlagseite in offenbar schwer havariertem Zustande in nördlicher Richtung auszubiegen schien.

Admiral Beatty sieht Gespenster
11.49 bis 11.52 Vorm.

Aber kaum sind diese Signale abgegeben, da wird „Lion" wieder von mehreren Salven und nunmehr ent= scheidend getroffen. „Vom Steven bis zum Heck", so schildert es die britische Darstellung, „wurde das Schiff um diese Zeit durch eine Granate erschüttert, die in Höhe eines der Kesselräume den Gürtelpanzer nach innen trieb und so viel Schaden am Speisewassertank und der Back= bordmaschine anrichtete, daß sie gestoppt werden mußte. Gleichzeitig fiel durch Kurzschluß Licht und elektrische Kraft aus".

„Alles Licht erlosch, so lautete Admiral Beatty's Be= richt, „immer mehr Räume liefen voll Wasser, „Lion" bekam Schlagseite nach Backbord und war außerstande, seinen Platz in der Linie weiter zu behaupten."

Das britische Flaggschiff mußte Ausscheeren und den es überholenden anderen Schlachtkreuzern die Verfolgung des Gegners überlassen, von denen „Tiger" zum zweiten= male bereits getroffen und in Brand geraten war. Ziel und Richtung dieser Verfolgung hatte Admiral Beatty durch sein Signal um 11.47 bezeichnet; er hätte daher jetzt die Weiterführung des Gefechts seinem zweiten Admiral, Conteradmiral Moore, auf „New Zealand" übertragen können.

11.54 Vorm.

Aber gerade in diesem kritischen Augenblicke vermeinte „Lion" am Steuerbord, im Süden also, feindliche U-Boote zu sichten; Admiral Beatty will das Schaumwasser sogar persönlich zwei Strich an Steuerbord beobachtet haben. Noch glaubt der Admiral von seinem Flaggschiff aus die Bewegungen seiner Linie meistern zu können: um der — in Wirklichkeit gar nicht vorhandenen — U-Bootgefahr, es waren gar keine deutschen U-Boote da, auszuweichen, befiehlt er sofort eine Wendung um 8 Strich (90°) nach Backbord, nach Norden, von den vermeintlichen U-Booten ab; das Signal wird um 12 Uhr mittags niedergeholt und gleichzeitig von allen Schlachtkreuzern ausgeführt, aber Admiral Beatty macht nicht das „Signal für U-Bootgefahr", so bleibt der Zweck der plötzlich eingeleiteten scharfen Bewegung vom Feinde ab den Unterführern unklar, zumal dem auf dem 4. Schiff in der Linie noch weit zurückstehenden zweiten Admiral. In seinem Gefechtsbericht sagt Admiral Beatty hierzu: Da die Funkentelegraphie von „Lion" außer Gefecht gesetzt worden war und nur noch zwei Signalleinen übrig waren, war es mir nicht möglich, Admiral Moore über die Ursache für die plötzliche Wendung in Kenntnis zu setzen oder davon, daß ich selbst nicht mehr in der Lage sei, weiter zu führen."

Und in der Tat verlor jetzt Admiral Beatty, wie das englische Seekriegswerk hervorhebt, durch den Ausfall seines immer weiter achteraus sackenden Flaggschiffes sehr bald die Leitung über sein Geschwader, zumal er außerstande war, sie seinem zweiten Admiral zu übertragen. (Zutreffender hieße es wohl: da er sich nicht entschlossen hatte, sie ihm rechtzeitig zu übertragen.) Ausgerechnet jetzt, wo es um die Entscheidung ging, trat das Stadium ein, daß kein Admiral in der Lage war, die Bewegungen der britischen Streitkräfte einheitlich zu leiten, die unvermeidliche Folge war ein Zustand völliger Verwirrung und Unklarheit über das, was nun eigentlich die Führung zu tun beabsichtigte."

12,02 nachm. Signal von „Lion" Kurs NO (course N. E.)

Die acht-Strich-Wendung hatte die britischen Schlachtkreuzer in die Richtung NzO. gebracht, fast rechtwinklig zum bisherigen Gefechtskurs; Wegverlust für den Verfolger, Vorsprung für den Verfolgten: schon 2 Minuten nach Ausführung der Wendung macht daher Admiral Beatty das Signal: Kurs NO, mithin wieder 3 Strich auf Feind zu.

Sein Gefechtsbericht erläutert: „Dieser Kurs hätte die deutschen Schlachtkreuzer von „Blücher" abgeschnitten, falls sie, was ich annahm, Kehrt machten, um ihm zur Hilfe zu eilen. Taten sie dies nicht, sondern überließen sie ihn seinem Schicksal, so hätten unsere Schlachtkreuzer wieder den ursprünglichen Gefechtskurs parallel zu den deutschen Schiffen aufnehmen können, sobald sie frei vom Kielwasser der deutschen Torpedoboote und ihrer Minengefahr gewesen wären".

12.05 nachm. Signal von "Lion" an die Schlachtkreuzer: "Den Schluß der feindlichen Linie angreifen (Attack the rear of the enemy)".

Inzwischen hatte das britische Flaggschiff aus der Linie ausscheeren müssen und hatte nach der Heimat hin Kehrt gemacht mit NW=Kurs: nach englischer Darstellung völlig gefechtsunfähig, mit stark zunehmender Schlagseite und in einem, wie man britischerseits annahm, sinkenden Zustand; Zerstörer wurden zur Hilfeleistung langsseits gerufen. — Um auch jetzt nichts unversucht zu lassen, dem weiteren Gefechtsverlauf die Richtung zu weisen, läßt Admiral Beatty das Kurssignal NO niederholen und an der frei werdenden Signalleine das zweistellige Signal "74" hissen: **"Näher an den Feind heran"** ("Keep nearer to the enemy"), das wehen bleibt, bis seine Schlachtkreuzer an ihm vorüberziehen, aus Sicht kommen.

Es ist das berühmte Signal, das 110 Jahre zuvor Nelson bei Trafalgar abgegeben hat; am 24. Januar 1915 weht es den Briten vergebens: nicht abgelesen von den Schlachtkreuzern, nicht erfaßt von ihren Führern, denen es an eigener Initiative gebricht, das zu tun, was der Gefechtslage entspricht: anstatt den Kampf gegen "Seydlitz", "Moltke" und "Derff=

linger" fortzusetzen, brechen „Tiger" und „Prinzeß Royal" ihn nunmehr ab und behalten, gefolgt von „New Zealand" und „Indomitable" nördlichen Kurs bei, aus dem heraus sie dann allmählich auf „Blücher" zuschwenken.

Filson Young bemerkt hierzu: „Blücher" war bereits dem Tode geweiht, in Stücke zerschossen und in einem Zustand des Zerfalls. Man hätte wahrhaftig das Schiff getrost den heranschießenden leichten britischen Streitkräften überlassen können; aber die Beteiligung an ihrer restlosen Zerstörung schien zur Manie bei den Kommandanten der britischen Kreuzer geworden zu sein. Wie Hunde stürzten sie sich jetzt auf das aus allen Wunden blutende Schiff, und doch war Admiral Beattys Gefechtsidee so einfach gewesen; die Katzen sollten ihre lebende Beute weiter verfolgen, während der tapferen, aber langsameren „Indomitable" im „Blücher" eine schöne fette Maus zugedacht war, die ihr nicht mehr entschlüpfen konnte. Statt dessen entkam der Feind, während die britischen Schlachtkreuzer, wie hypnotisiert von der Gegenwart des zwar immer noch rasend fechtenden, aber doch bereits tödlich verwundeten „Blücher", die halbe Stunde verloren, die bei einer Verfolgung nie mehr gutzumachen war, zumal nicht an jenem kurzen Wintertag. In dem großen Spiel des Krieges werden keine Karten zurückgenommen und es gibt da kein Mittel gegen eine verpaßte Gelegenheit."

Versagen der britischen Führung
Die große Flotte ohne Oberbefehl

Ueber die Führung und Befehlserteilung des Admirals Beatty aber urteilt der englische Admiral Sir Reginald Bacon folgendermaßen im Anhang seines lesenswerten Buches „The Jutland Scandal": Die ganze Kritik über die Doggerbank kommt eben nicht über die bittere Tatsache hinweg, daß die acht-Strichwendung, noch dazu völlig überflüssig, den deutschen Kreuzern das Entkommen ermöglicht hat.

Aber wir wollen einmal etwas näher auf die Befehlserteilung dabei eingehen: „Lion" hatte nur noch zwei Signalleinen zur Verfügung, aber mein Himmel, was läßt sich nicht alles mit zwei Signalleinen und einer Tagsignallampe machen! Admiral Beatty benutzte den blauen Wendungswimpel für die acht-Strichwendung auf NzO, das hieß, daß alle Schiffe zugleich auf diesen Kurs wenden sollten; das war richtig. Als er dann aber wieder die drei Strich nach NO zurückdrehen wollte, benutzte er nur das Kompaßsignal, statt daß er, wie jeder erfahrene Admiral es getan haben würde, wieder den Wendungswimpel dazu setzte; das Kompaßsignal aber bedeutet entweder, einen zu steuernden und durch Schwenkung der Schiffe h i n t e r e i n a n d e r einzuschlagenden Kurs — oder aber, wenn gleichzeitig mit einem anderen Signal geheißt, die P e i l u n g (magnetische Richtung) des in diesem anderen Signal erwähnten Gegenstandes. Da nun das Kurssignal gleichzeitig mit dem anderen Signal „den Schluß der feindlichen Linie angreifen" wehte, so war nicht etwa nur einer von seinen Schlachtkreuzern, sondern tatsächlich a l l e der Meinung, daß Signal hieße: „D a s S c h i f f a n g r e i f e n, d a s NO p e i l t" — nämlich den „Blücher". Wäre der blaue Wimpel geheißt worden, so hätte es kein Mißverständnis geben können. U n e r f a h r e n h e i t wieder einmal!

Nun sackte „Lion" schnell achteraus und Admiral Beatty hatte das Zusehen, wie, gegen seinen Willen, seine Schlachtkreuzer mit verstärkter Kraft einen Irrweg einschlugen, so daß er nun, um sie wieder richtig hin zu bekommen, das Signal „Näher an den Feind heran" machte. A n w e l c h e n F e i n d ? Ob „Blücher" gemeint war oder der andere Teil des Feindes, war nicht angegeben, im übrigen hat es auch nichts zur Sache gemacht, d e n n k e i n M e n s c h h a t t e d a s S i g n a l a b g e l e s e n.

Hätte Admiral Beatty das getan, was jeder Admiral getan hätte, dessen Geist für solche Situation genügend geschult war, so hätte er um 12 Uhr mittags überhaupt kein Signal gemacht mit Ausnahme des e i n e n an seinen zweiten Admiral, daß e r die Führung übernehmen möchte.

Er hatte „Aurora" und „Arethusa" bei sich und hätte durch sie dieses Signal an seine Schlachtkreuzer übermitteln lassen können, wenn er wirklich nicht selbst in der Lage war, es von „Lion" aus zu tun. **Indem er dies zu tun unterließ, hat er seinen zweiten Admiral in eine höchst unangenehme und schwierige Lage gebracht.** Denn zunächst hatte Admiral Beatty es verabsäumt, das Gefahrsignal für das Sichten feindlicher Uboote zu machen, so wußten weder der zweite Admiral noch die Kommandanten der Schiffe, was eigentlich mit dem Kurs los wäre, der in Richtung auf den „Blücher" führte; **kein Mensch ahnte, was das Manöver zu bedeuten hätte.**

Hätte Admiral Beatty das Gefahrsignal geheißt, so wäre jedermann sofort im Bilde gewesen, aus welchem Grunde die acht-Strichwendung gemacht worden sei. Schließlich wurde das Signal „Den Schluß der feindlichen Linie in NO angreifen" erst um 12.14 vom „Tiger", der das Signal an „New Zealand" weitergab, niedergeholt, so daß Admiral Moore auf der „New Zealand" tatsächlich bis zu diesem Zeitpunkt unmittelbar unter dem Signalbefehl von Admiral Beatty stand. Wann sollte nun eigentlich Admiral Moore das Kommando übernehmen, da sein Führer es unterließ, ihm den Befehl zu übertragen? Natürlich, **das hing sehr ab vom Temperament des Admirals Moore.**

Er hätte entweder sich selbst sagen können: „Gott sei Dank, daß dies infame Gezerre mit den Schiffen nun endlich mal mit dem Ausfall der „Lion" beendet ist; jetzt tue ich, was ich für richtig halte, ich pfeife auf die Signale, und ich entschuldige mich später damit, daß das Flaggschiff von Admiral Beatty soweit weg gewesen wäre, daß ich die Bewegungen der Linie unmöglich mehr leiten konnte." In der Tat hätte Admiral Moore, wie Nelson es tat, sein Fernglas vor's blinde Auge bringen können. So paradox wie es klingen mag, das hätte ein so leidenschaftlicher Kämpfer, wie Admiral Beatty, wahrscheinlich an seiner Stelle getan.

Andererseits konnte ein disziplinierter zweiter Admiral auch wohl sagen, ich tue das, **was mir mein Führer befohlen hat, ich erledige also den „Blücher"**! Das hat Admiral Moore getan und man hat ihm das nie vergessen. Dies das Urteil eines englischen Admirals.

Unter Führung von Admiral Moore umkreisten nun die Schlachtkreuzer 50 Minuten lang den sinkenden „Blücher", **ihn auf ganz nahe Entfernungen mit einem überwältigenden Feuer überschüttend**. Dann, kurz bevor der „Blücher" kenterte, ließ er das Feuer einstellen, und erteilte den Schlachtkreuzern Befehl, den sofortigen Rückzug nach Nordwesten, der Heimat zu, anzutreten. Unterwegs kam ihm Admiral Beatty auf einem Zerstörer entgegengejagt, er hatte sein in nahezu sinkendem Zustand befindliches Flaggschiff verlassen müssen und war in Unkenntnis über den weiteren Verlauf der Schlacht. Er gab zwar sofort Befehl, in der

Richtung auf Helgoland Kehrt zu machen, nahm aber dann auf Grund weiterer Feststellungen und Ueberlegungen davon Abstand. So blieb ihm nichts weiter übrig, als seine Streitkräfte zu sammeln und zur „Lion" zurückzukehren, um den Rückmarsch dieses schwer havarierten Schiffes zu decken.

„Lion" mußte schließlich von „Indomitable" ins Schlepptau genommen werden; es gelang mit Mühe, es am 26. Januar in den Firth of Forth einzubringen; ein manövrierunfähiges Wrack, war sie auf ihrer sorgenvollen Fahrt vor nachstoßenden deutschen Torpedobooten unbehelligt geblieben; der Chef der Hochseestreitkräfte, als er gegen Abend in der Helgoländer Bucht unseren zurückkehrenden Schlachtkreuzern mit frischen Streitkräften entgegenkam, hatte von einem Ansatz der Torpedoboote gegen den abziehenden Feind Abstand genommen. In Rosyth stellte sich heraus, daß die Beseitigung der Schäden der „Lion" überaus schwierig war, tatsächlich ist das Schiff erst Monate später gefechtsbereit gewesen.

* * *

Abgesehen von gelegentlichen Zickzackänderungen, um dem britischen Salvenfeuer auszuweichen, hatten die deutschen Schlachtkreuzer ihren ursprünglichen Gefechtskurs unentwegt beibehalten; sie fuhren ausgerichtet wie bei einer Gefechtsfriedensübung und mit normalem Schiffsabstand. Nur „Blücher" war, wie wir wissen, allmählich hinter der Linie zurückgeblieben.

„Seydlitz" hatte keine Treffer mehr erhalten, aber seine beiden hinteren Türme waren verstummt und es standen 600 To. Wasser im Hinterschiff. „Moltke" hatte keinen Treffer erhalten, „Derfflinger" einen, der ihr jedoch keinen vitalen Schaden zufügte. Aber auf S. M. S. „Blücher" war um 11,30 vorm. eine Granate eingeschlagen, die das Schicksal dieses Schiffes besiegelte. Gleich darauf loderte ein Brand in der Mitte des Schiffes auf. Soweit sich aus den Aussagen der Ueberlebenden erkennen läßt, sagt die offizielle deutsche Darstellung, durchbrach das Geschoß die Decks und entzündete nacheinander fünfendreißig bis vierzig 21 cm Kartuschen auf der Munitionstransportbahn. Stichflammen schlugen durch die Geschoßaufzüge in die vorderen Seitentürme und sofort waren diese, ähnlich wie bei der „Seydlitz", ein einziges Flammenmeer. Giftige Gase drangen durch Sprachrohre und Lüftungskanäle in den Mittelgang, die Zentrale, den Kommandostand und viele andere Räume des Schiffes. Alle Feuerleitungsapparate, Kommandoelemente und das Rudergestänge fielen auf einen Schlag aus. Außerdem durchschlugen Granatstücke die Hauptdampfleitung im dritten Heizraum, so daß der Dampfdruck zur Maschine fiel und die Geschwindigkeit auf 17 Seemeilen herabgesetzt wurde.

S. M. Torpedoboote an die Front

Ein Signal an „Seydlitz" lautete: „**Alle Maschinen manövrierunfähig**". Aber noch längere Zeit folgte „Blücher" heftig feuernd der Linie, erst allmählich immer weiter achteraus sackend. Bevor wir zum Schluß noch einen Blick auf den heldenhaften Endkampf S. M. S. „Blüchers" werfen, folgen wir den Maßnahmen des deutschen Führers bis zum Abbruch des Kampfes auf britischer Seite.

Admiral Hipper hatte zu Beginn der Schlacht dem Führer der Torpedoboote befohlen, **die Torpedoboote rücksichtslos einzusetzen**. Kommodore Hartog hat hiervon aus eigenem Entschluß keinen Gebrauch gemacht; der Qualm der deutschen Schiffe hatte nach seiner Angabe einen so dichten Schleier über die britischen Schlachtkreuzer gelegt, daß er von dem Standpunkt seines Führerkreuzers „Rostock" aus glaubte, ihre Zahl, Formation und Stellung nicht genügend übersehen zu können. Auch schienen ihm, trotz der vorlichen Stellung der Torpedoboote, die Aussichten für einen Angriff so ungünstig, weil die Entfernungen zwischen den kämpfenden Linien zu groß blieben. So hat er gemeint, **den Entschluß für das**

Ansetzen der Boote dem Befehlshaber der Aufklärungsschiffe überlassen zu müssen. Diesen Entschluß faßte der Admiral um 12 Uhr mittags, zu einem Zeitpunkt also, wo auf englischer Seite „Lion" ausfiel und auch „Tiger" bereits unter Treffern zu leiden begann. Admiral Hipper berichtet darüber folgendermaßen: „Da seit einiger Zeit „Blücher" stark gesackt war, da andererseits das Verhalten des Gegners auf eingetretene Beschädigung schließen ließ („Moltke" beobachtete 11.52 einen Treffer auf „Tiger"), so entschloß ich mich nunmehr sofort, um „Blücher" zu decken und den Gegner energisch zu schädigen, heranzugehen und **die Torpedoboote anzusetzen.** 11.58 vorm. wurde, nachdem die Linie vorher auf SOzS gelegt worden war, auf diesem Kurs gewendet. 12 Uhr mittags wurde das Signal zum Angriff der Torpedoboote gegeben und zwar gleichzeitig „Stander 3" mit Manöver F. T.=Signal und dem entsprechenden Flaggensignal, einem roten Stander. Das an sich ungewöhnliche F. T.=Signal veranlaßte den Führer der Torpedoboote zu der Anfrage, ob die Torpedoboote angreifen sollten. Der gleichzeitig wehende Stander wird die Zweifel behoben haben."

Um 12.03 liefen die deutschen Boote an. Aber, wie um diesen Angriff auf das wirksamste zu parieren, drehten **gerade in diesem Augenblick** die britischen Schlachtkreuzer — aus einer ganz anderen Veranlassung wie wir wissen — scharf nach Norden hin ab: unsere Torpedoboote wurden hierdurch von vornherein ihrer vor-

— 61 —

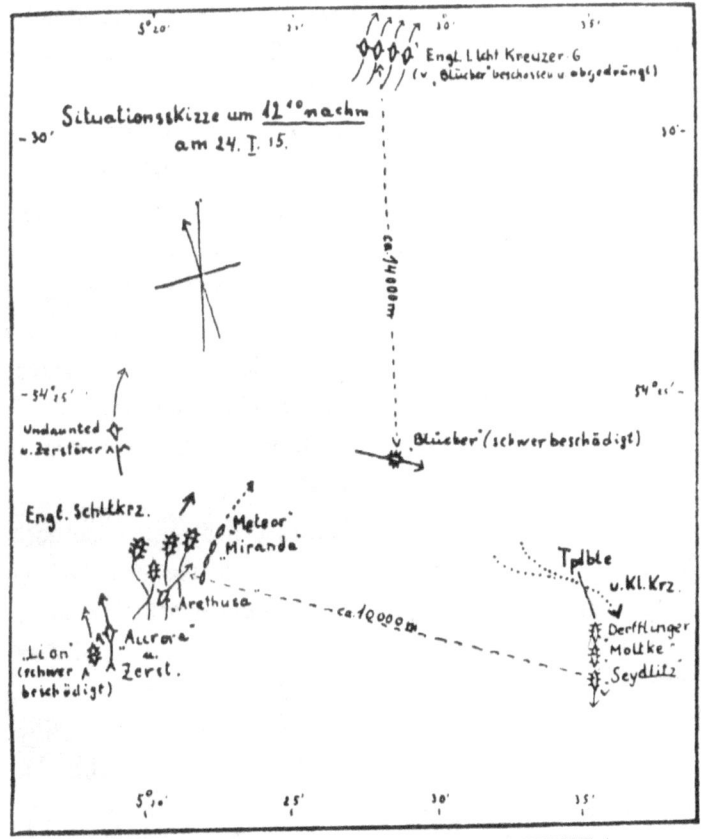

lichen und für den Angriff besonders günstigen Stellung beraubt, so daß Admiral Hipper, um zwecklosen Einsatz zu vermeiden, den Befehl zum Angriff um 12.07 widerrufen zu müssen glaubte. Er selbst war inzwischen mit den Schlachtkreuzern auf SzW gedreht, in dem Bestreben, an den Feind heranzukommen und stand nun=

mehr vor dem schweren Entschluß, ob er unter den plötzlich veränderten Verhältnissen den Kampf mit dem nach Norden abgedrehten Gegner wieder aufnehmen sollte (siehe Skizze). Seine Beurteilung der Lage gibt er im Kriegstagebuch folgendermaßen wieder: „Die weitere Unterstützung S. M. S. „Blücher" im Kreisgefecht würde die erste Aufklärungsgruppe zwischen die englischen Schlachtkreuzer und die dahinter vermuteten Linienschiffsgeschwader gebracht haben. Sie hätte zudem die eigene Spitze, nachdem im Kreisgefecht allmählich nördliche Kurse erreicht worden waren, in höchst ungünstige Stellung zu den feindlichen Zerstörern geführt.

Die Unterstützung im laufenden Gefecht auf nördlichem Kurs, die auch überlegt worden ist, würde den gleichen Nachteil in der Stellung zu den Zerstörern gebracht haben, die sich bereits im Norden sammelten und gegen „Blücher" vorgingen. Bei der immer noch großen Entfernung von der eigenen Küste mußte jede Maschinenhavarie eines weiteren Kreuzers zu dessen Vernichtung führen, ohne daß „Blücher" hätte geholfen werden können. Denn das Gefecht der Schlachtkreuzer fand in höchster Bewegung statt. Es führte vielleicht gelegentlich bei dem havarierten, der Unterstützung bedürftigen Schiff vorbei, aber es würde nicht die an Zahl und Stärke den unseren überlegenen kleinen Kreuzer und Zerstörer gehindert haben, in der Zwischenzeit das havarierte Schiff außer Gefecht zu setzen. Auch der Gedanke, dem „Blücher" eine Halbflottille zu Hilfe zu senden, ist erwogen worden. Er wurde jedoch verworfen, weil die Halbflottille, wenn sie auch die „Großen Schiffe" vielleicht zum Abdrehen von „Blücher" veranlaßt haben würde, doch durch die kleinen Kreuzer und Zerstörer schnell erledigt worden wäre, ohne daß ersterem wirklich wirksame Hilfe damit zu Teil geworden wäre."

Unter diesen Umständen meinte Admiral Hipper es nicht verantworten zu können, den Kampf, der vom Gegner abgebrochen war, erneut zu suchen. Schweren Herzens trat er daher den Rückmarsch an. Von 12.12 Uhr nachm. ab verstummte der Kampf. **Durch das Versagen rechtzeitiger Unterstützung durch die Hochseeflotte ist Admiral Hipper in die für einen Führer verzweifelte Lage gekommen, sich entschließen zu müssen, den „Blücher" seinem Schicksal zu überlassen.**

S. M. S. „Blüchers" heldisches Ende

Aber Admiral Hippers Entschluß ist auch beeinflußt worden durch die Annahme von der Nähe eines britischen Linienschiffsgeschwaders — eine irrige Annahme, die leider von vornherein durch die unzutreffende Meldung der „Stralsund" beim Auftreffen auf den Feind bestätigt zu werden schien, während tatsächlich das am nächsten stehende dritte englische Linienschiffsgeschwader frühestens um 4 Uhr auf dem Kampfplatz hätte eingreifen können. Um so bedauerlicher bleibt es, daß das mittags auf dem Kampfplatz erschienene Luftschiff, das sich fast ausschließlich der Beobachtung der Vorgänge beim „Blücher" zuwandte, nicht sofort veranlaßt worden ist, dem deutschen Führer über jene entscheidungsvolle Frage Aufklärung zu verschaffen.

Letzten Endes aber ist das Ubootgespenst, das Admiral Beatty um 12 Uhr mittags zu sehen wähnte, der Dämon der Doggerbank geworden, der es vereitelt hat, daß es am 24. Januar zum Entscheidungskampf kam zwischen den deutschen Schlachtkreuzern und den britischen. Denn dieser Entscheidung, das ist unsere Ueberzeugung, geschöpft aus der Teilnahme an der Schlacht, wie aus dem nachträglichen Studium der Vorgänge auf der gegnerischen Seite und später glänzend bestätigt durch die Skagerrakschlacht, dieser Entscheidung hätten wir mittags getrost entgegengehen können, gestützt auf unsere erheblich überlegene deutsche Einzelschiffs= und Schießausbildung und **im festen Vertrauen auf unser nun schon durch Not und Tod bewährtes unübertroffenes Personal und Material.**

Wäre es Admiral Hipper vergönnt gewesen, wie er es mittags beabsichtigte und bereits einleitete, seine Streitkräfte insgesamt zu dem letzten Entscheidungskampf, koste es was es wolle, mutig in die Wagschale zu werfen, so wäre er auf einen Gegner gestoßen, dessen gefechtstaktischer Zusammenhang nach Ausfall des Flaggschiffes **bereits völlig gelockert war** und der nun unter der zaghaften Führung von Admiral Moore stand, über den die englische Darstellung von Filson Young sagt: „**Ihm war die Situation absolut nicht geheuer,** er hatte nur einen einzigen Gedanken und der war: **Minengefahr**; ja, es ist hart, es aussprechen zu müssen; aber, liest man seine Signale, die nur von **Rückzug** handeln, so kommt man zu dem Schluß, daß er seine Aufgabe einzig und allein darin erblickte, die britischen Schlachtkreuzer so schnell wie irgend möglich aus dem Bereich der deutschen herauszubringen."

Auch den deutschen Torpedobootsstreitkräften blieb leider am 24. Januar der Angriff versagt: **ihr rück=**

sichtsloser Einsatz, für den sie — und gerade auch in der Tagschlacht — durch Jahrzehnte geschult und in Hunderten von Gefechtsbildern aller Art vorbereitet und erprobt waren, hätte womöglich die Schlacht zu unseren Gunsten entscheiden können.

Wie schwer die englische Führung diese Gefahr schon um 11 Uhr vormittags einschätzte, zumal, wo ihre Schlachtkreuzer durch eigene Zerstörer völlig ungedeckt gegen deutsche Torpedobootszerstörer dastanden, ist bereits hervorgehoben worden. Um 5 Uhr nachmittags wurden die zurückkehrenden deutschen Schlachtkreuzer von den in der Nordsee befindlichen Teilen der Hochseeflotte in der Helgoländer Bucht aufgenommen, — **zu spät!** —

Allerdings hat auch die große Flotte unter Admiral Jellicoe um dieselbe Zeit erst in der Nähe der Doggerbank den Anschluß an die englischen Schlachtkreuzer erreicht; der Plan rechtzeitiger Zusammenfassung überlegener Streitkräfte gegen den deutschen Vorstoß war ihr daher keineswegs vollkommen gelungen. Aber die Tatsache ihres beschleunigten Anmarsches hatte von Anfang an für Admiral Beatty einen starken Rückhalt bedeutet, den Admiral Hipper und seine Schlachtkreuzer **von vornherein schmerzlich entbehrten.**

Hätten die in der Nordsee anwesenden Teile der Hochseeflotte, wie es einem selbstverständlichen Gebote der Vorsicht und Voraussicht entsprochen hätte, bei Hellwerden am 24. Januar in Bereitschaftsstellung auf der Jade gelegen, so wäre ihr Eingreifen auf dem Kampfplatz mittags gewährleistet gewesen und die britischen Schlachtkreuzer hätten sich, gerade in einem für sie höchst kritischen Stadium des Kampfes plötzlich einer erdrückenden deutschen Uebermacht gegenübergesehen.

So hatte — innerhalb weniger Wochen zum zweiten Male — der Chef der Hochseestreitkräfte wiederum eine einzigartige Gelegenheit verstreichen lassen, große britische Flottenteile mit Uebermacht zu vernichten: **wie der 16. Dezember 1914 steht auch der 24. Januar 1915 im Zeichen einer für Deutschlands Schicksal verhängnisvollsten Unterlassung.**

Sämtliche englischen Streitkräfte waren herbeigeeilt, um sich an dem Zerstörungswerk an dem todwunden Schiffe zu beteiligen. Fortwährend umkreisten die britischen Schlachtkreuzer das in hellgelbe Brandwolken gehüllte Schiff, in das sie auf Nahgefechtsentfernungen nunmehr 100 schwere Granaten hineinwarfen, bis dann noch sieben Torpedos erforderlich waren, das wütend feuernde Schiff zum Schweigen zu bringen. Ein englischer Augenzeuge schreibt: „Als dann endlich unsere leichten Kreuzer und Zerstörer herangingen, um „Blücher" den Gnadenstoß zu versetzen, befand er sich in einem geradezu entsetzlichen Zustand: völlig auf der einen Seite liegend, glühend an vielen Stellen, denn die Feuer rasten noch in den Kesseln — und trotzdem schoß das Schiff noch tapfer weiter aus seinen beiden noch übrig gebliebenen 21 cm Kanonen, die schon beinahe in die Wolken starrten. Zuguterletzt ging dann „Arethusa" heran und gab noch zwei Torpedoschüsse auf den „Blücher" ab, die ihm dann endlich den Todesstoß gaben, — obwohl es wahrhaftig dem „Blücher" noch gelang, mit einem seiner letzten Schüsse den Zerstörer „Meteor" zu treffen, wo es Tote und Verwundete gab, während die Granate im Oelkesselraum detonierte und den Zerstörer außer Gefecht setzte, so daß er nach England zurückgeschleppt werden mußte.

Ein niemals welkendes Lorbeerblatt des 24. Januar

Die offizielle britische Seekriegsdarstellung ehrt den „Blücher" mit folgenden Worten: „Drei Stunden lang, während deren das Schiff der Brennpunkt einer überwältigenden Feuerkonzentration gewesen war, hatte es keinen Augenblick aufgehört, das Feuer zu erwidern. Zweimal waren unsere leichten Kreuzer vorgestoßen, um seine Vernichtung zu vollenden, und zweimal hatte er diese gezwungen, sich zurückzuziehen. Als ein Beispiel von Disziplin, Mut und kriegerischem Geist ist seine Haltung während der Stunden des Untergangs selten übertroffen worden."

Als dann zum letzten Mal die Schiffsglocke S. M. S. „Blücher" anschlägt und alle Mann aus dem Schiffe ruft, da sammelt der Rest der Tapferen sich an Deck. Ein Augenzeuge schreibt darüber: Alle die von Pulverrauch beschmutzten blutigen Gesichter, noch einmal flammt in ihnen die Begeisterung auf. Wie ein Sturm braust es über das Schiff: „Unser oberster Kriegsherr, der Deutsche Kaiser, hurra!" und dann an den verschiedensten Stellen des Schiffes Gesang: „Heil Dir im Siegerkranz", „Deutschland, Deutschland über alles" und das Flaggenlied mit seinem stolzen Schluß: „Ihr wollen wir treu ergeben sein, der Flagge schwarz-weiß-rot."

Und ein anderer Ueberlebender, Kapitänleutnant Gebeschus, schreibt: „Als ich etwa 10 Meter vom Heck vorbei bin — ich lasse dabei das Schiff nicht aus den Augen —, kentert plötzlich „Blücher" nach Backbord, **unheimlich schnell mit wehender Flagge**, ein Donnergepolter, der rote Boden des Schiffes, über den viele Menschen wie auf einer rollenden Kugel laufen, die Schrauben, der Schlingerkiel tauchen auf — und dann verschwindet alles unter Zischen und Rauschen im Schaum und Wasserstrudel."

Würdig des großen Feldherrn, dessen stolzen Namen das Schiff trug, ist S. M. S. „Blücher", kämpfend bis zum letzten Atemzug für Kaiser und Reich, von seinem tapferen Kommandanten, dem ausgezeichneten **Kapitän zur See Erdmann** befehligt worden: den Ueberlebenden steht das Bild vor Augen, wie er eine Viertelstunde vor dem Untergang seines Schiffes von dem von Granaten aller Kaliber überschütteten, in Flammen und Rauch gehüllten Kommandostand **mit unerschütterlicher Ruhe** sein zerschossenes braves Schiff, aus dessen Trümmern die letzten Salven krachen, im ehrenvollsten Endkampf führt.

Und dieser heldenmütige Kampf und Untergang S. M. S. „Blücher", **das ist das niemals welkende Lorbeerblatt des 24. Januar 1915, der Seeschlacht an der Doggerbank**. —

www.ingramcontent.com/pod-product-compliance
Lightning Source LLC
Chambersburg PA
CBHW030124240426
43673CB00041B/1388